REPONSE
POUR Mlle GAUSSIN,
A Mlle D'ARIMATH
DE L'OPERA COMIQUE,

En forme d'une Lettre adreſſée à M. Fagan ſur ſa nouvelle Piéce, intitulée L'HEUREUX RETOUR.

Avec une idée ſuccinte & critique du QUARTIER D'HIVER.

RÉPONSE

POUR M.lle GAUSSIN,

A M.lle D'ARIMATH

DE L'OPERA COMIQUE;

En forme d'une Lettre adressée à M. Fagan sur sa nouvelle Piéce, intitulée l'HEUREUX RETOUR.

Avec une idée succinte & critique du QUARTIER D'HIVER.

ENFIN, Monsieur, votre Piéce paroît, que ce mot ne vous allarme pas! s'il peut exprimer ma surprise, il n'exprime pas moins mon impatience & celle du plus grand nombre des Spectateurs qui la recevront avec plaisir. Il y a en effet dans l'Heureux retour beaucoup d'esprit, encore plus de délicatesse; tout y est heureusement exprimé, le cœur, les yeux, les oreilles y sont également satisfaits. Rien jusques à présent n'a paru de mieux pensé sur ce grand évenement qui a fait la joie de toute la France, que peu de jours auparavant on avoit vûe dans les craintes & dans les allarmes; un même tranfport a fait éclore mille Oûvrages différens. Les mêmes fentimens ont été exprimés en mille façons diverfes; on a fait pàrler les Politiques, les Femmes, les Filles, les Païfans, les Poiffardes même; il n'y a pas jufqu'à un Philofophe folitaire au milieu du monde qui ne fe foit conformé en cette occafion au refte des François, & n'ait exprimé fa joie fans gravité.

Qu'il étoit difficile d'encherir fur tant de productions des beaux efprits de Paris, fi le fujet n'étoit inépuifable? quels éloges leur feroient échappés? Où trouver des penfées neuves? comment louer un Roi que tout le monde loue? quel moyen d'en parler d'une façon qui n'ait pas été prévenue?

Vous l'avez trouvé ce moyen fi difficile, on ne voit dans votre Piéce rien de ce qu'on lit dans les autres Ouvrages qui ont paru; dix-fept Repréfentations n'ont pû épuifer le plaifir que l'on a eu à l'entendre.

Telles étoient en général les réflexions que je me propofois de vous communiquer. La Lettre qu'on a répandu dans le public fous le nom de Mademoifelle *d'Arimath* m'a fait naître d'autres penfées; les décifions de cette apprentive Déeffe ont réveillé mon amour propre; je ne ferois pas furpris que les beautés que je trouve dans votre Ouvrage lui eussent échappé; mais je rougirois si elle avoit apperçu des défauts qui me fussent inconnus; d'abord j'ai pris le parti de mépriser ce ridicule arbitre d'un Ouvrage d'esprit; mais refléchissant ensuite que le nom de Mademoiselle d'Arimath n'est qu'un masque qui cache un jaloux envieux, que Mademoiselle Gaussin n'a point consulté sur le sort de l'*Heureux retour* un Oracle si sujet à caution, qu'enfin la pauvre d'Arimath ignore peut-être elle-même qu'il se débite une Lettre sous son nom. J'ai crû devoir vanger mon discernement offensé, & rendre plus de justice aux Acteurs & aux Actrices de la Comedie Françoise, que cette Lettre traite avec tant de mépris.

L'Auteur de cette Lettre vous fait la grace, Monsieur, d'approuver le motif qui vous a fait écrire; mais la façon scientifique avec laquelle il juge du fruit de votre zele, est en vérité digne de pitié, si l'Heureux retour n'est *qu'un petit rien en général*, de quel nom appellerons nous le Bal de Strasbourg? *Un gros rien dans toutes ses parties*. Ce n'est pas que votre Piéce puisse être comptée parmi ces Ouvrages de *longue haleine*, c'est un petit Ballet, un petit divertissement fait exprès pour représenter en racourci & d'une façon naturelle la joye de toute la France qui chérit son Prince. Cette premiere réflexion m'a tenu lieu de réponse à cet air dédaigneux de quelques fins critiques qui vouloient trouver dans l'Heureux retour la sublimité de Corneille & l'étendue d'une des Piéces de Racine; on sçait que vous approchez du Poëte de notre siécle qui approche le plus de ces modeles du Théatre, & Voltaire, je le nomme, vous a traité *de rival*: Permettez-moi cependant de vous dire qu'il manque à l'Heureux retour un peu d'intrigue, il eût été agréable de voir les Paysans d'Auteuil troublés dans leur danse par les Habitans d'un Village voisin, où un Amant jusqu'à ce jour ignoré dérange le bel ordre de ses rivaux par une fête differente: une Bergere passionnée pour Damon pouvoit venir chanter un couplet de sa façon, lui montrer en se retirant un secret dépit des efforts qu'il fait pour obtenir Agathe, Lisidor pouvoit être déconcerté par l'arrivée d'une maîtresse abandonnée; les Officiers en manquérent-ils jamais, & celle qui regne n'a-t-elle pas toujours pris la place qu'une autre occupoit peu de jours auparavant? Cette Maîtresse se seroit mêlée parmi les Bergeres d'Auteuil, elle auroit fait assaut de charmes avec Agathe, elle auroit insinué à sa rivale que Lisidor étoit aussi inconstant qu'ingénieux en fête.

Vous auriez pû remplir l'intervalle des deux fêtes par quelques scénes où les deux Amans eussent parlé à leur chere Agathe, & eussent fait leurs efforts pour obtenir la préférence par quelqu'autre motif que par le succès de leurs danses ; leur ardeur plus ou moins vive ou plus ou moins bien exprimée eût aidé l'Amante à faire son choix, Agathe en décidant du succès des deux Fêtes n'eût fait qu'exprimer en public le jugement qu'elle auroit porté en particulier.

Tous ces incidens eussent embelli la Piéce, mais elle eût été moins approuvée ; on s'ennuyeroit à mort dans une petite Piéce si elle étoit aussi longue que la Tragedie qui la précede.

Dailleurs de quoi s'agit-il dans l'*Heureux retour*, du Mariage d'Agathe ? Non, il s'agit de se réjouir & d'exprimer son amour au Héros que la Divinité a rendu à la France pour en perpétuer le bonheur & la gloire. Les Rivaux d'Agathe, Agathe elle-même n'est qu'*en second* dans un divertissement qui est tout entier pour le Roi, c'est son Prince que la France aime, elle n'a tremblé que pour lui seul, elle ne voit que lui seul. La Piéce fut-elle chargée de mille incidens plus interessans, tout auroit disparu aux yeux des spectateurs trop préoccupés du bonheur public.

Cette réflexion me fournit une réponse à l'objection que vous fait l'Auteur de la Lettre sur la promesse d'Argante, de donner sa fille à celui des deux Amans qui fera un Ballet plus brillant. Les deux Fêtes de votre Piéce ne se font point pour les nôces d'Agathe, le Roi en est l'unique objet, lui prouver son amour en est le seul fruit que vous avez esperé. Que les Amans s'en proposent un autre, qu'importe aux Spectateurs qu'Agathe se marie ou non, qu'elle donne la main à Damon, ou à Lisidor, il me semble que j'entends le Parterre qui dit avec l'aimable Gaussin, *Hé, qu'est-ce que ça me fait à moi quand je vois notre bon Roi.*

Argante, pour être bon François, n'en est pas moins sage, il ne force point sa fille à choisir pour époux Lisidor plutôt que Damon, ou Damon préferablement à Lisidor; le choix entre tous les deux le flatte également, tous les deux méritent de devenir son gendre; Agathe paroît les aimer l'un & l'autre autant qu'elle en est aimée; peut-être n'osoit elle se déclarer, son pere lui permet d'avoüer enfin celui qu'elle cherit plus tendrement, la condition qu'il attache à cette permission, ne gêne en rien la liberté de sa fille; si Agathe a déja fait son choix en elle-même, la fête qu'elle aura choisi, sera à-coup-sûr la plus belle; Lisidor devient heureux, mais la main d'Agathe est moins le prix de sa fête que la récompense de son amour.

L'Auteur inconnu met ici dans la bouche de la d'Arimath une réflexion tout-à-fait digne d'une petite Actrice de l'Opera Comique, mais indigne d'avoir place dans une Lettre qu'on expose en public; les parties de plaisir dont elle parle, & ce choix d'un Cavalier pour en faire usage pendant un jour ou deux, font dans sa bouche un contraste avec le mariage qui tourne à sa confusion, cette égalité qu'elle s'efforce d'admettre entre Mademoiselle Gaussin & elle, n'est qu'une pure adresse pour la taxer de la même inconstance, & pour autoriser sa conduite par un exemple supposé.

Si l'on en croit le même Auteur, le pere d'Agathe, Agathe elle-même, Lisidor & Damon ne ressemblent à rien, il se plaint qu'ils ne l'ont fait rire que par leur silence; mais sa décision est aussi injuste que sa comparaison étoit indécente: le pere aime tant le Roi & est si envieux de célebrer son retour, qu'il promet sa fille à celui des deux Rivaux qui réussira le mieux dans l'exécution d'une nouvelle fête; la fille est si sensible à la gloire de son Souverain, qu'elle se promet elle-même à celui qui chantera plus dignement ses Conquêtes & son retour. Damon & Lisidor ordonnent chacun un divertissement nouveau, & croyent qu'ils ne se rendront jamais plus dignes d'Agathe & d'Argante, qu'en faisant éclatter leur amour pour le Monarque cheri qui fait le bonheur de tout le monde. Est-ce donc là ne ressembler à rien? que pouvoient-ils faire de mieux dans une pareille occasion? ils ne manquent point de zéle, on seroit seulement tenté de blâmer la maniere dont ils le font éclater, s'il étoit possible de mettre quelque chose au-dessus du respect & de l'amour qu'on doit avoir pour son Roi. L'Auteur inconnu n'a rien trouvé qui l'ait fait rire, c'est un malheur qui lui est personnel; une farce de l'Opera Comique l'eût plus amusé, il pourra se dédommager à la Foire *S. Germain*.

A la premiere lecture de la Lettre en question, j'étois tenté de me défier de mes propres lumieres, parce qu'elles y étoient confondues par la contrarieté, maintenant je me défie si fort des décisions de l'Auteur inconnu, que je suis tenté d'approuver la conduite d'*Aminte*, précisément parce qu'il la trouve folle & impertinente. A consulter la droite raison, la sœur de M. Argante auroit mieux fait de ne pas dire qu'elle a toujours été amoureuse du Roi; mais un transport de joie lui arrache cet aveu, il faut le lui pardonner en faveur des plaisanteries de *Lucas*: sa Lettre au Roi en forme de Placet est peu spirituelle; Aminte n'écrivoit pas un Discours Académique, sa déclaration est ridicule, son portrait est risible, l'endroit seroit pitoyable s'il étoit plus sérieux.

Lucas a beaucoup d'esprit, ce qu'il dit du Roi est d'autant plus beau qu'il est simple & naturel, *héritier de sa gloire, qu'il soit aussi l'héritier de ses ans*. Son ingénuité est admirable, il a entendu lire des vers dans un bois, ces vers parlent du Roi, il redouble son attention, il croit les sçavoir par cœur & veut les reciter, sa mémoire trahit son zéle,

& tout ce que fa déclamation nous apprend, c'eſt ſon amour pour Louis. Vous vouliez nous montrer que ce Héros a gagné le cœur de tous ſes Sujets de quelque état qu'ils ſoient; s'il y a quelque choſe à dire là-deſſus, c'eſt que vous ayez voulu nous montrer ce que nous ſentons en nous-mêmes; c'eſt dans ce ſens ſeulement qu'on peut trouver quelque choſe de ſuperflu dans votre Ouvrage; mais, que dis-je, dans une ſi belle matiere on aime la répetition.

Les vers d'Agathe, ſont ſelon l'Auteur inconnu, auſſi communs & auſſi plats que ceux du pauvre *Détouches*, il exprime ſa penſée par une comparaiſon, & ſa comparaiſon eſt une ſatyre. N'eſt-ce pas trancher du petit Deſpreaux? Je penſe bien differemment ſur ces vers d'Agathe, ils ſont délicats, vous y louez dignement les cinq perſonnes auguſtes ſi cheres à la France.

Ce petit récit eſt bien placé, il laiſſe à la premiere fête le tems de faire ſon impreſſion, & tout le monde ſe délaſſe avec plaiſir, parce qu'il s'occupe dans cette eſpece de repos de ce qu'il a de plus précieux.

Ce que l'Avocat dit des Medecins n'eſt pas ſelon l'Auteur inconnu, *abſolument mal tourné;* pour moi je le trouve nouveau. Je reconnois l'Auteur de la Pupille au recit de la maladie du Roi, *Si nos Faſtes publics*, &c.

La Fête de Liſidor n'eſt pas moins galante.

que celle de Damon, dans l'une & dans l'autre, les Couronnes de Lauriers, les Lis & les cerceaux de fleurs font fur le Théatre un fpectacle charmant. J'aime beaucoup ce couplet que l'agréable Clairon a chanté, *c'eft en vain que les fleurs*, &c. On entend avec plaifir cet autre qui commence par ces mots, *Grand Roi qui dans les Champs de Mars*, &c. On fait Chorus à ce Vaudeville *par nos Jeux & par nos Chanfons*, &c.

L'Auteur de la Lettre foutient que votre Carillon eft *la Parodie mot à mot, du Carillon fur le vin de Bourgogne*. Il faut l'en croire, tous les yvrognes en fait de Chanfons Bachiques, font des garans qui ne peuvent fe tromper : je ne puis m'empêcher de dire que Mademoifelle d'Arimath eft ici l'organe d'une critique offenfante : l'air du Carillon eft ancien, mais l'application eft nouvelle & ingénieufe, s'eft-on jamais imaginé de faire parler les cloches, & quand elles parlent pour la premiere fois, peut-on fans impudence trouver mauvais qu'elles publient la bonté de notre Souverain & fa valeur ? il faut être bien poffedé de la rage de la critique pour ne pas épargner cet endroit de votre Piéce.

A propos de Carillon, paffons aux airs des Vaudevilles *qui ont été dérobés aux Ménetriers du Menil-Montant*. Qui ne croiroit d'abord que cette raillerie part d'un Muficien du Roi ou d'une Chanteufe du grand Opera ? L'un &

l'autre accoutumé à la divine harmonie qui frappe journellement leurs oreilles, pourroit traiter avec quelque espece de mépris des petits airs de vos couplets ; il arrive même souvent que pour le plaisir de la nouveauté on quitte les grands airs pour s'amuser à de petites chansonnettes; mais qu'une Actrice de l'Opéra Comique prenne ici un ton si haut, & dédaigne à ce point les airs des Vaudevilles de votre Piéce, c'est ce que je ne puis digerer, *vous les avez dérobés aux Menestriers du Menil-Montant*, vous les avez donc dérobés à l'Opéra Comique, car les violons des Guinguettes des environs de Paris, sont à coup sûr les échos naturels des Chansons des Foires S. Laurent & S. Germain ; en ce cas le ressentiment est pardonnable, & une Actrice de l'Opera Comique a droit de se plaindre que vous vous enrichissiez de ses dépouilles ; mais la d'Arimath se plaint à tort, je ne sçache dans vos divertissemens que le dernier air qui appartienne à l'Opéra Comique, *ha ma Bergere, ha l'Heureux retour*. Que celui qui a mis son nom à la premiere page de sa Lettre, lui a rendu un mauvais office ! on pourroit dire, *ha ma bonne amie, ha, vous vous êtes trompée*. J'aime la vieille qui est contente de mourir pourvû que son Prince vive, que je serois heureux si je pouvois par ma mort prolonger une si belle vie !

De l'aveu de tout le monde, le dénouement de votre piéce est des plus heureux, Agathe prend l'Officier pour époux, *elle eût épousé Damon en tems de paix*, la guerre réveille son amour pour son Prince, puisqu'elle ne peut mourir pour lui, elle se choisit une moitié qu'elle animera de tout son zele, Lisidor doublement valeureux servira son maître pour tous les deux: peut-on mieux justifier son choix?

Qu'il sied bien à l'Auteur inconnu de se récrier contre le Théatre François, de ce qu'il souffre que Damon en acceptant Aminte se compare au Chevalier Romain qui se précipita dans un gouffre; auroit-il déja oublié *les parties de plaisirs & ces choix pour un jour ou deux* dont il fait parler la d'Arimath, ha qu'il aime la bienséance! il veut corriger une faute & il commet un crime en rappellant mal-à-propos une idée allégorique connue seulement des libertins. Quelle idée ne laisse pas la finesse qu'il dit qu'il faudroit entendre dans la danse qui doit décider du sort des deux rivaux? Il est toujours lui-même, on voit qu'il réprime avec peine son habitude à la débauche.

Enfin, Monsieur, votre Piéce est une de celles qui doivent le moins à l'action du Théatre: si ce secours étranger lui eût été necessaire, vous l'eussiez pû attendre des Acteurs qui ont partagé vos rôles; l'adorable Gaussin n'a pû se défaire de sa tendre douceur ordinaire, elle réussira encore pendant long-tems à faire disparoître un tiers des quarante ans que la d'Arimath lui reproche malicieusement dans sa Lettre. Mademoiselle Clairon a répandu de nouveaux charmes dans tout ce qu'elle a chanté, la belle voix de Mademoiselle Gauthier a fait faire un profond silence, la délicatesse de son chant perce jusqu'au fond du cœur, quand on l'entend on se précipite au devant des plaisirs qu'elle appelle à la Fête.

Les danses ont été très-bien exécutées, l'exécution, il est vrai, n'étoit pas difficile ; mais on n'a jamais pris la Comédie Françoise pour l'Opéra, & cette imperfection dans la danse que l'Auteur inconnu reproche aux Acteurs François est une nouvelle preuve de son peu de Franchise. Si Mademoiselle Gaussin dansoit avec les mêmes graces que Mademoiselle *Camargo*, elle en seroit doublement aimable, on adoreroit Mademoiselle Camargo, si elle joignoit les graces de la Déclamation à celles de la Danse ; mais l'une & l'autre ne sont pas moins admirables parce qu'elles n'excellent que dans l'un ou l'autre de ces deux exercices, on veut que la Camargo danse parfaitement, on ne demande à Mademoiselle Gaussin que le naturel & le tendre de la Déclamation, on ne souffriroit pas que les Acteurs de l'Opéra fussent médiocres dans la danse, on siffleroit ceux de la Comédie s'ils ne déclamoient pas mieux qu'ils dansent. Ceux de l'Opéra Comique peuvent être tout ce qu'ils voudront, ce sont des Apprentifs que l'on fouffre par efpérance.

Granval n'a pas executé à fon ordinaire le plus beau Rolle de la Piéce dont vous l'aviez chargé, (c'eft peut-être la raifon pour laquelle l'Auteur inconnu le rabbaiffe aux feconds Rolles.) Eft-ce une fécurité foutenue par la préfomtion ? Non, il n'a pas encore atteint à cette perfection qui permet les négligences.

Je ne puis deviner la caufe de ce changement, mais je fçais que le dégoût fe montroit fur fon vifage & dans fon attitude, il fembloit qu'à tout moment il étoit prêt à demander fon congé ; que vous avez perdu dans cette contrainte ! Que vous auriez gagné fi Monfieur Granval fe fût retrouvé lui-même ! Tout ce qu'il a dit eût plû davantage quand il n'auroit employé qu'à demi cet air vif & naturel qui donne tant de prix à d'autres Piéces, quel dommage ! le Marquis de l'Ecole des Meres, l'Orefte d'Andromaque, le Darviane de Meladine, l'Homme à bonne fortune a paru pour vous auffi froid que Sarrafin ; ce défaut, qu'en paffant je reproche à ce dernier Acteur doit être oublié en faveur de fa belle pronontiation, de la juftefse de fa déclamation & du poids qu'il donne à fes paroles.

La Darimath en releguant *Lanoue* dans les Coulliffes n'a pas penfé au tort que fon avis, s'il étoit fuivi, feroit au Public. Cet Acteur n'a contre lui que sa phisionomie, sa déclamation est éxacte, sa pronontiation belle, sa gravité ou son feu toujours conforme au personnage qu'il fait : il voit le point de la perfection, il y atteint d'assez près. *Mademoiselle Clairon*, se perfectionne tous les jours, elle sera un jour aussi excellente dans le Tragique qu'elle l'est deja dans le Comique.

Roselly, peut être compté parmi les bons Acteurs : on l'aimeroit davantage s'il étoit moins favorable à son propre merite.

C'est ici où je fais gloire d'être plus équitable que l'Auteur inconnu, qui semble n'avoir fait sa Lettre que pour dire des injures à tous les Acteurs & Actrices de la Comédie Françoise, *il trouve le nouveau Baron pitoyable, & Paulin froid à glace, Damon au fond du Théâtre, grimace sur un sopha, bat faux la mesure avec sa canne, & crie bravo à Mlles. Gautier & Clairon, qui détonnent dans un Duo.*

L'Orquestre n'a point d'harmonie, les décorations sont affreuses, les divertissemens sont toujours les memes aussi-bien que les Piéces; s'il en étoit crû on enverroit aux Antipodes une demi-douzaine d'Acteurs & autant d'Actrices pour y divertir les faiseurs d'Odes que l'Opéra Comique y a envoyé. Peut-être que ce Spectacle cherche à se décorer par cet air de rivalité, les reproches qu'il se donne la liberté de faire par l'interprête masqué de ses sentimens lui sont *par*

B

contre-coup une occasion naturelle de mieux faire son Apologie : *sous la conduite d'un habile Directeur cete Troupe munie de bons Ouvrages entretient avec succès le goût & les beaux Arts, elle seule par un privilége d'Apollon a célébré passablement les vertus de notre Grand Monarque.*

Déja elle a obtenu la permission de jouer plusieurs jours sur le Théâtre du grand Opéra, d'où si l'on en croit la Prophétesse d'Arimath, il pourra bien prendre un jour la place des Comédiens François, *qui ont furieusement dégoûté le Public par leurs maniéres, qui ne se conduisent que par Caballes & sont peu soumis aux Ordres du Parterre.*

Cette espérance n'est pas si éloignée de son accomplissement, si le sentiment de l'Auteur de la Lettre est suivi, une demi-douzaine d'Acteurs & autant d'Actrices seront exclus de la Scène, il ne faut plus qu'envoyer au Japon le reste de la Troupe; le Public alors sera forcé d'appeller au Théatre vacant ceux qu'il n'y souffre aujourd'hui qu'après qu'ils s'en sont rendus dignes par le long apprentissage qu'ils font à l'Opéra Comique : je me ttompe, le Public gagnera au change, la Dumenil, la Gaussin, & la Clairon, seront remplacées avec avantage, la Dumenil est pitoyable dans les Rolles de fureur, la Gaussin, dans le tragique & dans le tendre, n'a jamais arraché une larme à aucun Spectateur ; la

Clairon prononce mal, & n'auroit jamais été une bonne Actrice, la Torilliere est guindé dans les petites Piéces, le Grand, dans les Tragédies ne vaut rien pour le récitatif, Armant est un sot valet, les talens heureux se trouvent dans les Acteurs & les Actrices de l'OpéraComique.

La nouvelle Sibille d'Arimath, semble par modestie être sensible par avance à la désertion du Théâtre François, elle propose le sien comme un exemple dont l'imitation préviendra ce funeste malheur. C'est ainsi que l'Apologiste du petit Opéra oubliant le néa: d'où M. Favart & vous-même l'avez fait sortir depuis peu; ose braver insolemment une Troupe zêlée, qui jouit depuis si long-tems des applaudissemens de la Cour & de la Ville : la prospérité est étrangere à ce petit Opéra, à peine respire-t-il, qu'il tient le langage d'un *gueux* revêtu : la permission de jouer au Palais Royal, qui lui a été accordée comme une ressource pour assûrer son existence, a été, si l'on croit son orgueil, la récompense de ses succès. Il apprend à ses Maîtres le secret de faire entrer chez eux le Dieu de l'abondance, pour faire croire au Public que ce Dieu loge chez lui. Je n'ai garde toutefois d'attribuer une pareille éfronterie à aucun Acteur ni Actrice de l'Opéra Comique, quelque misérable Auteur dont la Piéce aura été unanimement rejettée en l'un & l'autre Spectacle, n'osant se plaindre ouvertement a épanché sa bile con-

B ij

tre tous les deux, il s'eſt vangé des Comédiens François par des injures, & de ceux de l'Opéra Comique par une ſotte & choquante vanité.

C'eſt la conſéquence que je tire de ſon mepris même pour ceux qu'il a voulu exalter, *ſouvenez-vous*, dit la Darimath à Mademoiſelle Gauſſin, *que notre profeſſion la plus vile du monde, &c.* que de plumes prendroient ici la défenſe des Comédiens François ſi leur ennemi étoit plus eſtimable !

Mépriſez, Monſieur, les faux jugemens que ce ridicule Auteur a oſé publier ſur votre nouvelle Piéce, elle a été applaudie par la plus grande & par la plus ſaine partie des Spectateurs, votre réputation ne peut plus recevoir d'atteinte; on ne ſe plaindra de vous qu'autant que vous nous priverez des belles productions que *la Pupille, le Rendez-vous, l'Amitié Rivale, l'Etourderie*, & tant d'autres Piéces charmantes nous ont mis en droit d'exiger de vous.

Le *quartier d'hyver* ne fera aucun tort à l'*heureux retour*, il en ſera à coup-ſûr l'apologie la moins ſuſpecte. Je fus avec empreſſement à la premiere repréſentation de cette Piéce ; mais je fus bien puni de ma curioſité par la part que je pris à la mortification de ſes Auteurs. (*a*) Je n'en ferai pas une Critique

(*a*) On dit que trois Auteurs ont enfanté cette Piéce.

particuliere, mais je vous en dirai mon sentiment en terminant ma Lettre.

Le *quartier d hyver*, n'a ni commencement ni fin, rien n'y eſt naturel, c'eſt une Fiction Poëtique qui tranſporte les Spectateurs dans un monde chimerique, où ils ſont dans une gêne qu'on éprouve toujours quand on quitte le naturel. Les Dieux de l'antiquité qui n'ont plus qu'une ombre d'exiſtence ſur le Théâtre du Grand Opéra, où la belle harmonie des voix & des inſtrumens fixe l'attention des Auditeurs, & ne leur permet que rarement la reflexion ſur la ridicule Théologie des Payens. Ces Dieux, ou une bande d'entr'eux, quittent l'Olimpe au commandement de l'Auteur, & choiſiſſent pour leur *Rendez-vous* le Théâtre de la Comédie Françoiſe; la ſingularité amuſe, mais que ces Dieux ſe ſont fait tort à eux-mêmes! L'Amour y vient préparer une fête qui n'a ni goût ni invention agréable; Mercure y vient recevoir le Carquois de ce petit Dieu qui lui ordonne d'en diſtribuer les traits *gratis*. Apollon s'y trouve pour déſavouer comme mauvais tous les Vers en général qui ont été faits juſques ici ſur le Roy, s'il avoit dit quelque choſe de neuf & de plus beau, on lui auroit pardonné ſon impertinence, ce Dieu mériteroit que Jupiter l'envoyât aux Antipodes, & donnât à un autre la Sur-Intendance du Parnaſſe.

La santé personnifiée en Mademoiselle Gauffin y vient mentir effrontement, en disant, *que depuis son arrivée à Paris tous les malades ont été guéris.* La Victoire se querelle avec la santé, à laquelle elle reproche son absence. C'est ici où la santé en se justifiant met au jour une pensée qui fait tout le beau de la Piéce, *pensez-vous*, dit-elle, à la Victoire, *que je puisse aller aussi vîte que le courage de Louis ? Si jamais je ne l'avois quitté, eût-il connu jusqu'à quel point il étoit aimé.*

Je ne releverai pas ce que dit l'Amour lorsque malgré lui la Victoire & la santé le quittent sans être reconciliées, qu'*il n'y a rien de si difficile que d'accorder deux Deïtes femelles.* Cette pensée est si vieille, aussi-bien que celle de Mercure, *qui remet à quatre mois la Cause de l'Avocat, Rival du Capitaine Gascon.*

La Victoire est suivie de quatre ou cinq Officiers, elle les appelle *des Césars, des Héros, des demi Dieux*, & pense rendre justice à leur mérite d'une façon nouvelle. L'Amour leur fait présent d'autant de Bergeres qui leur ôtent leurs Boucliers & leurs Hallebardes, & qui en reçoivent à leur tour des guirlandes de fleurs. Je ne sçais pas trop si l'Auteur a bien pensé à la pureté de nos mœurs lorsqu'il a introduit sur la Scêne l'Amour personnifié qui donne des Maitresses à des Amants, c'est lui faire faire un métier qui revolte ; il est vrai que l'Hymen sert de correctif à cette indecence ; mais l'Amour se trompe, quoi ? Il exige que des Officiers pendant un *quartier d'hyver* forment des nœuds solides ? Ce seroit pécher contre le Cod Militaire. J'oubliois de vous dire que ces Officiers font en dansant diverses figures avec leurs Hallebardes & leurs Boucliers qui n'ont été approuvées de personne. Le Public deja trompé par la beauté des décorations, l'a été encore dans l'idée qu'il s'étoit formée du divertissement qu'on lui avoit promis dans le *Quartier d'hyver* (je n'ai encore pû comprendre quelle a été la raison du choix de ce titre qui n'a que fort peu de relation avec les paroles).

On aime à entendre la voix de Mademoiselle Gautier ; mais pour cette fois le Parterre n'a pû lui passer la répétition des mauvaises paroles qu'elle avoit chantées, on n'a jamais dit *volez à la voix des plaisirs.*

Je ne vous dirai point les paroles du Duo, où Mademoiselle Clairon se joint à Mademoiselle Gautier, l'ennui m'avoit saisi au point que je n'entendois plus rien que le murmure du Parterre mécontent. Je remarquai seulement que l'Amour enfin termina le différent entre la Victoire & la Santé. La danse recommença & finit sans que j'eusse pû avoir une idée claire & distincte du commencement du nœud & de la fin de la Piéce, je la croiois faite à la louange du Roi, & c'est précisément ce dont il y est le moins parlé.

J'ai l'honneur d'être avec estime,

Monsieur

Votre très-humble & très-obéissant & sincere serviteur.

www.ingramcontent.com/pod-product-compliance
Lightning Source LLC
Chambersburg PA
CBHW060636050426
42451CB00012B/2629